MANUAL DE INSTRUÇÕES

mudamente

THAYS TOYOFUKU & JP POLO

- Multiculturas
- Pessoas com deficiência
- Pessoas LGBTQIAPN+
- Pessoas negras

2. Escolha uma das formas de jogar:

- Explorando uma dimensão: utilize as 7 cartas que representam uma única dimensão (14 cartas no total).
- Explorando todas as dimensões: escolha uma dupla de cartas por dimensão, formando um jogo com 6 pares (12 cartas no total).

3. Após escolher a forma de jogar, separe as cartas em dois baralhos:

- Um com as expressões preconceituosas.
- Outro com as suas versões inclusivas.

4. Misture bem os baralhos e organize as cartas viradas para baixo, formando duas grades paralelas (como ilustrado na imagem abaixo).

OBJETIVO

Este jogo tem como objetivo nos ajudar a refletir sobre como algumas expressões que usamos no dia a dia, mesmo sem intenção, podem carregar preconceitos e estereótipos que contribuem para desigualdades sociais, discriminação e até violência. A ideia é aprender, de forma leve e divertida, a identificar essas expressões e substituí-las por alternativas mais inclusivas, promovendo empatia e respeito em nossas relações.

POR QUE ISSO IMPORTA?

As palavras têm poder, mas Diversidade, Equidade & Inclusão (DE&I) vai muito além da linguagem. Para uma sociedade realmente inclusiva, é essencial criar mecanismos concretos que corrijam desigualdades estruturais e promovam mudanças reais. Isso inclui políticas públicas, programas educacionais e iniciativas corporativas que eliminem barreiras, garantam direitos iguais e fortaleçam ambientes seguros, acessíveis e respeitosos para todas as pessoas.

PREPARAÇÃO

1. O jogo é composto por seis conjuntos de cartas, sendo que cada conjunto representa uma dimensão da diversidade:

- Gênero
- Gerações

THAYS TOYOFUKU

Mãe da Catarina e consultora em Diversidade, Equidade & Inclusão (DE&I), com mais de 10 anos de experiência em grandes empresas. Foi gerente de DE&I na JLL Brasil e na Alpargatas, onde atuou com implementação de estratégias nacionais e globais, desenho de governança, criação de comitês e grupos de afinidades, elaboração de políticas, cartilhas e campanhas de conscientização. É coautora dos livros *Diversidade e Inclusão e suas dimensões - vol. 1 e 2.*

JP POLO

Consultor em Diversidade, Equidade & Inclusão (DE&I) e um dos TOP20 profissionais de D&I escolhidos pelo LinkedIn. Foi gerente de DE&I da PwC Brasil e Head de Projetos Institucionais da consultoria Mais Diversidade. Atuou como Secretário Adjunto do Fórum Gerações e Futuro do Trabalho e do Fórum de Empresas e Direitos LGBTI+. É professor da Escola Aberje de Comunicação e coordenou a pós-graduação de Gestão Estratégica de Pessoas, do Senac Campinas. Foi consultor do musical da Broadway, *Priscilla, a rainha do deserto*, e é coautor do livro *Diversidade e Inclusão e suas dimensões - vol 2.*

Presidente do conselho: Maurício Sita

Presidente: Alessandra Ksenhuck

Vice-presidentes: Cláudia Pires e Julyana Rosa

Diretora de projetos: Gleide Santos

Gerente editorial: Anselmo Vasconcelos

Editora júnior: Júlia Almeida

Assistente editorial: Emerson Xavier

Projeto gráfico: Midori Kimura

Diagramação: Gabriel Uchima

Revisão: Vinicius Mendes

Impressão: Printi

Dados Internacionais de Catalogação na Publicação (CIP)
(Câmara Brasileira do Livro, SP, Brasil)

Toyofuku, Thays
Mudamente : jogo da memória inclusiva / Thays Toyofuku, JP Polo. -- São Paulo : Literare Books International, 2025.
ISBN 978-85-9455-453-6

1. Empatia 2. Inclusão 3. Jogos de cartas 4. Memória I. Polo, JP. II. Título.

25-281552 CDD-370.115

Índices para catálogo sistemático:

1. Brincadeiras e jogos : Educação inclusiva 370.115

Eliane de Freitas Leite - Bibliotecária - CRB 8/8415

Literare Books International.
Alameda dos Guatás, 102 – Saúde – São Paulo, SP.
CEP: 04053-040
Fone: +55 (0**11) 2659-0968
Site: www.literarebooks.com.br
e-mail: literare@literarebooks.com.br

MISTO
Papel | Apoiando o manejo florestal responsável
FSC® C196274

5. Fim do jogo:

- O jogo termina quando todos os pares forem formados.
- Vence quem tiver o maior número de pares.

VARIAÇÕES DO JOGO

1. Jogo individual: Jogue individualmente como um exercício de memória e aprendizado.

2. Dinâmica em grupo: Em grupos maiores, forme equipes que jogam juntas, discutindo as cartas e somando os pares encontrados.

3. Atividade reflexiva: Antes de revelar as cartas com suas versões inclusivas, discuta em grupo:

- Por que a expressão original pode ser considerada preconceituosa?
- Por que é importante substituir essa expressão? Que impactos negativos seu uso contínuo pode causar?
- Como essas mudanças contribuem para uma sociedade mais inclusiva?
- Quais outros exemplos de expressões você conhece que deveriam ser corrigidas?
- Além da sugestão do jogo, que outras formas mais inclusivas você sugeriria para substituir essa expressão?

- Uma grade será formada pelas expressões preconceituosas.
- A outra será formada pelas suas versões inclusivas.

COMO JOGAR

1. Escolha quem será a primeira pessoa a jogar e siga a ordem definida (sentido horário, sorteio ou qualquer outro método escolhido).

2. Na sua vez, vire duas cartas:

- Uma carta do baralho de expressões preconceituosas.
- Uma carta do baralho de suas versões inclusivas.

3. Se as cartas formarem um par correto:

- Leia as cartas em voz alta para o grupo.
- Explique (ou peça ajuda para explicar) por que é importante trocar aquela expressão.
- Retire o par do jogo, e a pessoa jogadora tem o direito de jogar novamente.

4. Se as cartas não formarem um par:

- Vire as cartas para baixo novamente no mesmo lugar.
- A vez passa para a próxima pessoa jogadora.

ACESSE O E-BOOK:

Gênero

POR

MULHERES MERECEM RESPEITO

Por que mudar?

Todas as mulheres merecem respeito, não importa quais sejam suas roupas, ações ou comportamentos. Respeito não é algo que precisa ser "conquistado" ou condicionado; é um direito de todas as pessoas.

müda mente

THAYS TOYOFUKU & JP POLO

POR

ELA FOI MUITO CORAJOSA, COMPETENTE OU DETERMINADA

✓

Por que mudar?

Qualidades como coragem, competência ou determinação pertencem a todas as pessoas, e não apenas aos homens. Associar a palavra “macho” a essas características reforça estereótipos e limita a percepção das capacidades das mulheres.

müda mente

THAYS TOYOFUKU & JP POLO

POR

ISSO É TRABALHO PARA QUEM TEM ESSA HABILIDADE

Por que mudar?

A capacidade de fazer um trabalho não depende do gênero, mas da habilidade da pessoa. Por isso, é a pessoa que pode dizer se consegue ou não fazer o trabalho.

müda mente

THAYS TOYOFUKU & JP POLO

Gênero

POR

TODAS AS PESSOAS PODEM EXPRESSAR SUAS EMOÇÕES E SENTIMENTOS

✓

Por que mudar?

Dizer que homens não devem chorar reforça estereótipos de gênero e faz com que eles tenham dificuldades para expressar suas emoções de forma saudável.

müda mente

THAYS TOYOFUKU & JP POLO

Gênero

POR

MÃE SOLO

✓

Por que mudar?

"Mãe solo" valoriza diferentes histórias de vida, como mães viúvas, separadas, divorciadas ou que criam seus filhos sem um relacionamento. O termo não limita a identidade da mãe ao seu estado civil.

mudamente

THAYS TOYOFUKU & JP POLO

Gênero

POR

ALGO ESTÁ TE INCOMODANDO?

Por que mudar?

Relacionar emoções ou comportamentos ao ciclo menstrual reforça estereótipos que retratam mulheres como irracionais, excessivamente emotivas, ou ainda como sendo menos capazes do que homens.

müda mente

THAYS TOYOFUKU & JP POLO

POR

NADA. AFINAL, SER MULHER NÃO É SINÔNIMO DE ALGO NEGATIVO OU INFERIOR

Por que mudar?

Essa é uma expressão pejorativa e que desvaloriza as atividades e comportamentos associados às mulheres, sugerindo que são inferiores, menos importantes ou inadequados.

müda mente

THAYS TOYOFUKU & JP POLO

Gênero

TROQUE

MULHERES TÊM QUE SE DAR AO RESPEITO

müda
mente

THAYS TOYOFUKU & JP POLO

Gênero

TROQUE

ELA FOI MUITO MACHO

mudamente

THAYS TOYOFUKU & JP POLO

Gênero

TROQUE

ISSO É TRABALHO DE HOMEM

mudamente

THAYS TOYOFUKU & JP POLO

Gênero

TROQUE

HOMENS NÃO CHORAM

müda
mente

THAYS TOYOFUKU & JP POLO

Gênero

TROQUE

MÃE SOLTEIRA

mudamente

THAYS TOYOFUKU & JP POLO

Gênero

TROQUE

VOCÊ ESTÁ DE TPM?

mudamente

THAYS TOYOFUKU & JP POLO

Gênero

TROQUE

ISSO É COISA DE MULHERZINHA

mudamente

THAYS TOYOFUKU & JP POLO

POR

VOCÊ ESTÁ BEM OU VOCÊ ESTÁ COM UMA APARÊNCIA ÓTIMA!

✓

Por que mudar?

Essa expressão reforça a ideia de que envelhecer é algo ruim e que devemos parecer mais jovens. Envelhecer faz parte da vida e não deve ser visto como algo negativo.

mudamente

THAYS TOYOFUKU & JP POLO

POR

VOCÊ É BONITO(A) OU VOCÊ ESTÁ COM UM ÓTIMO VISUAL

✓

Por que mudar?

Essa expressão reforça a ideia de que a beleza está ligada à juventude, sugerindo que ela diminui com a idade ou que pessoas mais velhas não precisam cuidar da aparência.

müda mente

THAYS TOYOFUKU & JP POLO

Gerações

POR

VOCÊ PODE VESTIR O QUE QUISER

Por que mudar?

Roupa não tem idade. Todas as pessoas têm o direito de usar o que as faz se sentir bem, não importa qual seja sua idade.

muda mente

THAYS TOYOFUKU & JP POLO

POR

COMO VOCÊ VÊ SUA EXPERIÊNCIA CONTRIBUINDO PARA ESSA FUNÇÃO?

Por que mudar?

A capacidade de liderar não depende da idade, mas das qualidades, habilidades e experiências da pessoa.

mudamente

THAYS TOYOFUKU & JP POLO

POR

CADA GERAÇÃO TEM SUA PRÓPRIA VISÃO E EXPECTATIVAS EM RELAÇÃO AO TRABALHO

Por que mudar?

Cada geração tem prioridades e perspectivas diferentes sobre o trabalho. Generalizações negativas desvalorizam essas diferenças e reforçam preconceitos.

müda mente

THAYS TOYOFUKU & JP POLO

POR

VOCÊ SE ESFORÇA BASTANTE

✓

Por que mudar?

Essa frase reforça estereótipos sobre idade e pode desvalorizar o esforço de quem a ouve. Dedicação e competência não dependem da idade, mas da pessoa.

mudamente

THAYS TOYOFUKU & JP POLO

POR

A DIFERENÇA DE IDADE NÃO DEFINE O VALOR DE UMA RELAÇÃO

Por que mudar?

Essa frase reflete um julgamento baseado na aparência e perpetua preconceitos machistas, desvalorizando mulheres que escolhem se relacionar com pessoas mais jovens.

müda mente

THAYS TOYOFUKU & JP POLO

Gerações

TROQUE

NOSSA, VOCÊ NÃO PARECE TER A IDADE QUE TEM!

mudamente

THAYS TOYOFUKU & JP POLO

Gerações

TROQUE

VOCÊ É BONITO(A) PARA SUA IDADE

mudamente

THAYS TOYOFUKU & JP POLO

TROQUE

VOCÊ NÃO TEM MAIS IDADE PARA USAR ISSO

müda mente

THAYS TOYOFUKU & JP POLO

Gerações

TROQUE

VOCÊ NÃO É MUITO JOVEM PARA LIDERAR?

mudamente

THAYS TOYOFUKU & JP POLO

TROQUE

A NOVA GERAÇÃO NÃO QUER SABER DE TRABALHAR

mudamente

THAYS TOYOFUKU & JP POLO

Gerações

TROQUE

VOCÊ SE ESFORÇA BASTANTE PARA ALGUÉM DA SUA IDADE

mudamente

THAYS TOYOFUKU & JP POLO

Gerações

TROQUE

ELA TEM IDADE PARA SER MÃE DELE(A)

muda
mente

THAYS TOYOFUKU & JP POLO

Multiculturas

POR

MALTRATAR, ATORMENTAR OU AGIR COM CRUELDADE

Por que mudar?

A palavra "judiar" tem origem no antissemitismo (ódio e discriminação contra o povo judeu e sua cultura), associando o sofrimento ao povo judeu. Essa associação é ofensiva e reforça preconceitos contra a cultura judaica.

müda mente

THAYS TOYOFUKU & JP POLO

Multiculturas

POR

PROGRAMA RUIM OU DESAGRADÁVEL

Por que mudar?

Essa expressão é pejorativa e sugere que as atividades ou tradições dos povos indígenas são inferiores ou desagradáveis.

müda mente

THAYS TOYOFUKU & JP POLO

Multiculturas

POR

SEU SOTAQUE É INTERESSANTE. DE ONDE VOCÊ É?

Por que mudar?

Dizer que um sotaque é muito diferente, esquisito ou engraçado sugere que há um sotaque correto e que, portanto, tem algo errado com a forma como aquela pessoa fala. Cada sotaque reflete a identidade, a localidade e a história de uma pessoa e deve ser valorizado.

müda mente

THAYS TOYOFUKU & JP POLO

Multiculturas

POR

NADA. AFINAL, A IDENTIDADE INDÍGENA NÃO SE RESUME À APARÊNCIA

✓

Por que mudar?

O termo "índio(a)" carrega erros históricos, estereótipos e generalizações que desvalorizam a identidade e a diversidade dos povos indígenas ou originários. Além disso, a identidade indígena não se define apenas por traços físicos ou local de moradia, mas também pela cultura, ancestralidade e pertencimento.

muda mente

THAYS TOYOFUKU & JP POLO

POR

NADA. AFINAL, ROUPA NÃO TEM RELIGIÃO

✓

Por que mudar?

Essa expressão é pejorativa e reforça estereótipos sobre como pessoas evangélicas se vestem, ignorando a diversidade existente dentro das comunidades cristãs.

müda mente

THAYS TOYOFUKU & JP POLO

POR

SAI DESSA QUE É ROUBADA/ FURADA!

Por que mudar?

Ao usar o termo "macumba" de forma pejorativa, associamos práticas de religiões de matriz africana a algo indesejável ou perigoso. Isso reforça tanto a intolerância religiosa como desrespeita a cultura e a espiritualidade de milhares de pessoas.

müda mente

THAYS TOYOFUKU & JP POLO

Multiculturas

POR

CADA PESSOA TEM TALENTOS E HABILIDADES ÚNICAS, NÃO IMPORTA SUA ORIGEM

✓

Por que mudar?

Essa frase generaliza e reduz um grupo a um estereótipo, ignorando a individualidade de cada pessoa. Além disso, cria expectativas e pressões desnecessárias sobre esses indivíduos.

müda mente

THAYS TOYOFUKU & JP POLO

Multiculturas

TROQUE

JUDIAR

müda mente

THAYS TOYOFUKU & JP POLO

Multiculturas

TROQUE

PROGRAMA DE ÍNDIO

müda
mente

THAYS TOYOFUKU & JP POLO

Multiculturas

TROQUE

SEU SOTAQUE É MUITO DIFERENTE/ ESQUISITO/ ENGRAÇADO

müda
mente

THAYS TOYOFUKU & JP POLO

Multiculturas

TROQUE

VOCÊ NEM PARECE ÍNDIO(A)!

mudamente

THAYS TOYOFUKU & JP POLO

Multiculturas

TROQUE

QUE ROUPA DE CRENTE É ESSA?

müda mente

THAYS TOYOFUKU & JP POLO

Multiculturas

TROQUE

CHUTA QUE É MACUMBA!

mudamente

THAYS TOYOFUKU & JP POLO

Multiculturas

TROQUE

TODO JAPONÊS É INTELIGENTE

mudamente

THAYS TOYOFUKU & JP POLO

POR

NÃO TEMOS RECURSOS SUFICIENTES

Por que mudar?

Essa expressão associa capacidade física à competência, o que reforça preconceitos contra pessoas com deficiência.

müda mente

THAYS TOYOFUKU & JP POLO

POR

SE FAZER DE DESENTENDIDO(A)

Por que mudar?

A demência é uma condição médica séria, não uma escolha. Usar essa expressão para descrever quem evita responsabilidades ou finge não entender algo desrespeita as pessoas que vivem com demência e minimiza suas dificuldades.

müda mente

THAYS TOYOFUKU & JP POLO

POR

PARE DE FICAR CRIANDO DESCULPAS

Por que mudar?

Muletas são ferramentas essenciais para muitas pessoas com deficiência e não têm relação com desculpas. Por isso, essa expressão reforça o preconceito de que pessoas com deficiência são incapazes ou usam sua condição como uma desculpa para não fazer algo.

mudamente

THAYS TOYOFUKU & JP POLO

POR

VOCÊ NÃO ESTÁ ENTENDENDO?

Por que mudar?

Essa é uma expressão extremamente pejorativa e ofensiva. Ela rotula pessoas com deficiência intelectual e reforça o preconceito de que elas não têm capacidade de entender ou realizar algo.

müda
mente

THAYS TOYOFUKU & JP POLO

POR

NADA. AFINAL, NEM TODA DEFICIÊNCIA É VISÍVEL E MUITO MENOS SINÔNIMO DE INCAPACIDADE

Por que mudar?

Essa frase sugere que toda deficiência é igual, que precisa ser visível ou que ter deficiência é algo negativo. Além disso, perpetua o estereótipo de que pessoas com deficiência são incapazes, o que não é verdade.

mudamente

THAYS TOYOFUKU & JP POLO

POR

VOCÊ NÃO ESTÁ VENDO/OUVINDO?

Por que mudar?

Usar deficiências visuais ou auditivas como metáforas para desatenção perpetua estereótipos negativos e desrespeita as experiências de pessoas com deficiência, tratando suas condições de forma insensível.

müda mente

THAYS TOYOFUKU & JP POLO

POR

QUE VACILO, GAFE, SACANAGEM OU SITUAÇÃO CHATA!

Por que mudar?

Essa expressão associa uma condição física a algo negativo, reforçando o estigma de que ter uma deficiência é um problema.

müda mente

THAYS TOYOFUKU & JP POLO

Pessoas com deficiência

TROQUE

NÃO TEMOS BRAÇO PARA ISSO

mudamente

THAYS TOYOFUKU & JP POLO

Pessoas com deficiência

TROQUE

FINGIR DEMÊNCIA

⇄

mudamente

THAYS TOYOFUKU & JP POLO

Pessoas com deficiência

TROQUE

DESCULPA DE ALEIJADO É MULETA

muda mente

THAYS TOYOFUKU & JP POLO

Pessoas com deficiência

TROQUE

VOCÊ É RETARDADA(O)?

mudamente

THAYS TOYOFUKU & JP POLO

TROQUE

NOSSA, NEM PARECE QUE VOCÊ TEM DEFICIÊNCIA!

müda
mente

THAYS TOYOFUKU & JP POLO

Pessoas com deficiência

TROQUE

VOCÊ ESTÁ CEGO(A)/ SURDO(A)?

müda
mente

THAYS TOYOFUKU & JP POLO

Pessoas com deficiência

TROQUE

QUE MANCADA!

mudamente

THAYS TOYOFUKU & JP POLO

Pessoas LGBTQIAPN+

POR

ORIENTAÇÃO SEXUAL

Por que mudar?

A orientação sexual é parte da identidade de uma pessoa, não uma escolha. Usar "opção" sugere que é algo voluntário, o que desconsidera a realidade vivida pelas pessoas LGBTQIAPN+.

müda mente

THAYS TOYOFUKU & JP POLO

Pessoas LGBTQIAPN+

POR

GAY, LÉSBICA, TRANS, TRAVESTI, PESSOA LGBTQIAPN+

...

✓

Por que mudar?

Esses termos são pejorativos e reforçam preconceitos contra pessoas LGBTQIAPN+. Além de desrespeitosos, podem incentivar comportamentos discriminatórios e até atos de violência.

mudamente

THAYS TOYOFUKU & JP POLO

Pessoas LGBTQIAPN+

POR

COMO QUER QUE EU TE CHAME?

Por que mudar?

O nome de uma pessoa trans ou travesti é aquele que ela te diz qual é. Perguntar o nome de registro (também conhecido como "nome morto") desrespeita sua identidade, além de poder causar desconforto e sofrimento. E fica a dica: travesti é uma identidade que requer uma tratativa no feminino, ou seja, é sempre A TRAVESTI.

müda mente

THAYS TOYOFUKU & JP POLO

Pessoas LGBTQIAPN+

POR

NADA. AFINAL, A INTIMIDADE DO CASAL SÓ DIZ RESPEITO AO CASAL

✓

Por que mudar?

Essa pergunta carrega mais do que curiosidade. Além de não ser inocente, reforça estereótipos de gênero, invalida a diversidade e desrespeita a dinâmica única de cada relação.

müda
mente

THAYS TOYOFUKU & JP POLO

Pessoas LGBTQIAPN+

POR

HOMOSSEXUALIDADE

Por que mudar?

Palavras que terminam com "-ismo", em geral, estão associadas a doenças ou distúrbios. Portanto, usar "homossexualismo" reforça a visão equivocada de que a orientação homoafetiva é uma doença, o que é incorreto e desrespeitoso.

mudamente

THAYS TOYOFUKU & JP POLO

Pessoas LGBTQIAPN+

POR

NADA. AFINAL, ORIENTAÇÃO SEXUAL E IDENTIDADE DE GÊNERO NÃO TÊM APARÊNCIA

✓

Por que mudar?

Essa frase sugere que existe um "jeito" ou "aparência" específica para ser gay, lésbica ou trans, o que reforça estereótipos e invalida as experiências únicas dessas pessoas.

müda mente

THAYS TOYOFUKU & JP POLO

Pessoas LGBTQIAPN+

POR

VOCÊ É UMA PESSOA LINDA, INCRÍVEL, ETC.

✓

Por que mudar?

Dizer “que desperdício” pode até parecer um elogio, mas a verdade é que essa é uma forma de invalidar a sexualidade de alguém. Além disso, sugere que a sexualidade deveria ser “útil” para atender os desejos e expectativas dentro de um contexto heterossexual.

müda mente

THAYS TOYOFUKU & JP POLO

Pessoas LGBTQIAPN+

TROQUE

OPÇÃO SEXUAL

mudamente

THAYS TOYOFUKU & JP POLO

Pessoas LGBTQIAPN+

TROQUE

VIADO, SAPATÃO, BICHA, TRAVECO...

müda
mente

THAYS TOYOFUKU & JP POLO

Pessoas LGBTQIAPN+

TROQUE

QUAL É O SEU NOME DE VERDADE?

mudamente

THAYS TOYOFUKU & JP POLO

Pessoas LGBTQIAPN+

TROQUE

QUEM É O HOMEM (OU MULHER) DA RELAÇÃO?

mudamente

THAYS TOYOFUKU & JP POLO

Pessoas LGBTQIAPN+

TROQUE

HOMOSSEXUALISMO

⇄

müda mente

THAYS TOYOFUKU & JP POLO

Pessoas LGBTQIAPN+

TROQUE

VOCÊ NÃO PARECE SER GAY, LÉSBICA, TRANS...

mudamente

THAYS TOYOFUKU & JP POLO

Pessoas LGBTQIAPN+

TROQUE

QUE DESPERDÍCIO!

mudamente

THAYS TOYOFUKU & JP POLO

Pessoas negras

POR

DIFAMAR, CALUNIAR OU MANCHAR A REPUTAÇÃO

Por que mudar?

O termo “denegrir” significa “tornar negro” ou “escurecer”, e associa palavras como “negro” e “preto” a algo negativo. Essa associação reforça o preconceito e discriminação contra as pessoas negras.

mudamente

THAYS TOYOFUKU & JP POLO

Pessoas negras

POR

SERVIÇO MALFEITO OU REALIZADO DE FORMA ERRADA

✓

Por que mudar?

Essa expressão é extremamente ofensiva e racista, associando a cor da pele negra à incompetência, preguiça ou inferioridade.

müda mente

THAYS TOYOFUKU & JP POLO

Pessoas negras

POR

LISTA DE PESSOAS BANIDAS OU BLOQUEADAS

✓

Por que mudar?

Esse termo usa a palavra “negra” para se referir a algo negativo, o que reforça preconceitos e estereótipos associados às pessoas negras. Substituir por termos neutros ajuda a eliminar associações racistas no nosso dia a dia.

mudamente

THAYS TOYOFUKU & JP POLO

Pessoas negras

POR

CONFUSÃO, BAGUNÇA, TRAPALHADA

✓

Por que mudar?

Essa expressão reforça estereótipos negativos sobre pessoas negras, associando-as à desordem e confusão. Além disso, desvaloriza a riqueza cultural do samba e das tradições negras, perpetuando preconceitos.

mudamente

THAYS TOYOFUKU & JP POLO

Pessoas negras

POR

NADA. AFINAL, NADA JUSTIFICA O MACHISMO E A MISOGINIA, NÃO É MESMO?

✓

Por que mudar?

Essa frase tem origem na escravidão, quando mulheres negras eram tratadas como propriedade, submetidas à opressão e violência. Ela reforça a ideia de submissão e posse, além de reduzir mulheres negras a objetos sexuais.

müda mente

THAYS TOYOFUKU & JP POLO

POR

CABELO CRESPO, CACHEADO OU AFRO

Por que mudar?

Esses termos sugerem que apenas cabelos lisos são "bons". Valorizar o uso de termos corretos, como crespo, cacheado ou afro, contribui tanto para diminuir o preconceito como para reconhecer a beleza e a diversidade dos cabelos naturais de pessoas negras.

mudamente

THAYS TOYOFUKU & JP POLO

Pessoas negras

POR

A COISA TÁ DIFÍCIL, DESCONFORTÁVEL OU MUITO RUIM

Por que mudar?

Essa expressão associa a cor preta a algo negativo, como dificuldade ou desconforto. Isso reforça estereótipos e preconceitos sobre pessoas negras, contribuindo para a perpetuação do racismo em nossa linguagem e sociedade.

mudamente

THAYS TOYOFUKU & JP POLO

Pessoas negras

TROQUE

DENEGRIR

mudamente

THAYS TOYOFUKU & JP POLO

Pessoas negras

TROQUE

SERVIÇO DE PRETO

mudamente

THAYS TOYOFUKU & JP POLO

Pessoas negras

TROQUE

LISTA NEGRA

⇄

mudamente

THAYS TOYOFUKU & JP POLO

Pessoas negras

TROQUE

SAMBA DO CRIOULO DOIDO

⇄

müda mente

THAYS TOYOFUKU & JP POLO

Pessoas negras

TROQUE

EU NÃO SOU TUAS NEGAS

muda mente

THAYS TOYOFUKU & JP POLO

Pessoas negras

TROQUE

CABELO RUIM, DURO OU DE BOMBRIL

müda mente

THAYS TOYOFUKU & JP POLO

Pessoas negras

TROQUE

A COISA TÁ PRETA

mudamente

THAYS TOYOFUKU & JP POLO